Todos los libros de Linkgua Ediciones cuentan con modelos de Inteligencia Artificial entrenados por hispanistas. Pregúntale al chat de tu libro lo que desees acerca de la obra o su autor/a.

Para ebooks: Accede a nuestro modelo de IA a través de este enlace.

Para libros impresos: Escanea el código QR de la portada con tu dispositivo móvil.

Obtén análisis detallados de nuestros libros, resúmenes, respuestas a tus preguntas y accede a nuestras ediciones críticas generativas para una experiencia de lectura más enriquecedora.
La transparencia y el respeto hacia la autoría de las fuentes utilizadas son distintivos básicos de nuestro proyecto. Por ello, las respuestas ofrecen, mediante un sistema de citas, las fuentes con las que han sido elaboradas.

Autores varios

Constituciones fundacionales de Cuba

Barcelona 2024
Linkgua-ediciones.com

Créditos

Título original: Constituciones fundacionales de Cuba.

e-mail: info@linkgua.com

Diseño de la colección: Michel Mallard.

ISBN rústica ilustrada: 978-84-9007-152-6.
ISBN tapa dura: 978-84-1126-712-0.
ISBN ebook: 978-84-9897-164-4.

Sumario

Constitución de Guáimaro de 1869

10 de abril de 1869

Constitución Política que regirá lo que dure la guerra de la Independencia.

Artículos

Artículo 1. El Poder Legislativo residirá en una Cámara de Representantes.

Artículo 2. A esta Cámara concurrirá igual representación por cada uno de los cuatro Estados en que queda desde este instante dividida la Isla.

Artículo 3. Estos Estados son: Oriente, Camagüey, Las Villas y Occidente.

Artículo 4. Solo pueden ser Representantes los ciudadanos de la República de veinte años.

Artículo 5. El cargo de Representante es incompatible con todos los demás de la República.

Artículo 6. Cuando ocurran vacantes en la representación de algún Estado, el Ejecutivo del mismo dictará las medidas necesarias para la nueva elección.

Artículo 7. La Cámara de Representantes nombrará el Presidente encargado del Poder Ejecutivo, el General en Jefe, el Presidente de las sesiones y demás empleados suyos. El General en Jefe está subordinado al Ejecutivo y debe darle cuenta de sus operaciones.

Artículo 8. Ante la Cámara de Representantes deben ser acusados, cuando hubiere lugar, el Presidente de la República, el General en Jefe y los miembros de la Cámara. Esta acusación puede hacerse por cualquier ciudadano: si la Cámara la encuentra atendible, someterá el acusado al Poder Judicial.

Artículo 9. La Cámara de Representantes puede deponer libremente a los funcionarios cuyo nombramiento le corresponde.

Artículo 10. Las decisiones legislativas de la Cámara necesitan para ser obligatoria la sanción del Presidente.

Artículo 11. Si no la obtuvieren, volverán inmediatamente a la Cámara para nueva deliberación, en la que se tendrán en cuenta las objeciones que el Presidente presentare.

Artículo 12. El Presidente está obligado, en el término de diez días, a impartir su aprobación a los proyectos de ley o a negarla.

Artículo 13. Acordada por segunda vez una resolución de la Cámara, la sanción será forzosa para el Presidente.

Artículo 14. Deben ser objeto indispensablemente de ley: las contribuciones, los empréstitos públicos, la ratificación de los tratados, la declaración y conclusión de la guerra, la autorización al Presidente para conceder patentes, levantar tropas y materiales, proveer y sostener una armada y la declaración de represalias con respecto al enemigo.

Artículo 15. La Cámara de Representantes se constituye en sesión permanente desde el momento en que los Representantes del pueblo ratifiquen esta Ley Fundamental hasta que termine la guerra.

Artículo 16. El Poder Ejecutivo residirá en el Presidente de la República.

Artículo 17. Para ser Presidente se requiere la edad de treinta años y haber nacido en la Isla de Cuba.

Artículo 18. El Presidente puede celebrar tratados con la ratificación de la Cámara.

Artículo 19. Designará los Embajadores, Ministros plenipotenciarios y Cónsules de la República en los países extranjeros.

Artículo 20. Recibirá los Embajadores, cuidará de que se ejecuten fielmente las leyes y expedirá sus despachos a todos los empleados de la República.

Artículo 21. Los Secretarios del Despacho serán nombrados por la Cámara a propuesta del Presidente.

Artículo 22. El Poder Judicial es independiente, su organización será objeto de ley especial.

Artículo 23. Para ser elector se requieren las mismas condiciones que para ser elegido.

Artículo 24. Todos los habitantes de la República son enteramente libres.

Artículo 25. Todos los ciudadanos de la República se consideran soldados del Ejército Libertador.

Artículo 26. La República no reconoce dignidades, honores especiales, ni privilegio alguno.

Artículo 27. Los ciudadanos de la República no podrán admitir honores ni distinciones de un país extranjero.

Artículo 28. La Cámara no podrá atacar las libertades de culto, imprenta, reunión pacífica, enseñanza y petición, ni derecho alguno inalienable del pueblo.

Artículo 29. Esta Constitución podrá enmendarse cuando la Cámara unánimemente lo determine.

Esta Constitución fue votada en el pueblo de libre de Guáimaro el 10 de abril de 1869 por el ciudadano Carlos Manuel de Céspedes, Presidente de la Asamblea Constituyente, y los ciudadanos Diputados Salvador Cisneros Betancourt, Francisco Sánchez, Miguel Betancourt Guerra, Ignacio Agramonte Loynaz, Antonio Zambrana, Jesús Rodríguez, Antonio Alcalá, José Izaguirre, Honorato Castillo, Miguel Jerónimo Gutiérrez, Arcadio García, Tranquilino Valdés, Antonio Lorda y Eduardo Machado Gómez.

Constitución de Baraguá

23 de marzo de 1878

1. La Revolución se regirá por un Gobierno provisional, compuesto de cuatro individuos.

2. El Gobierno provisional nombrará un General en Jefe que dirija las operaciones militares.

3. El Gobierno queda facultado para hacer la paz, bajo las bases de la independencia.

4. No podrá hacerse la paz con el Gobierno Español, bajo otras bases sin el conocimiento y consentimiento del pueblo.

5. El Gobierno pondrá en vigor todas las leyes de la República, que sean compatibles con la presente situación.

6. El poder judicial es independiente, y residirá conforme a las leyes antiguas, en Consejo de Guerra.

Presidente: Titá Calvar.
General en Jefe: Vicente García.
Lugarteniente General: Antonio Maceo.

Constitución de Jimaguayú de 1895

16 de septiembre de 1895

Artículos

La revolución por la Independencia y reacción de Cuba en República democrática, en su nuevo periodo de guerra iniciada en 24 de febrero último, solemnemente declara la separación de Cuba de la Española y su Constitución como Estado libre o independiente con Gobierno propio por autoridad suprema con el nombre de República de Cuba, y confirma su existencia entre las divisiones políticas de la tierra. Y en su nombre y por delegación que al efecto le han conferido los cubanos en armas, declarando previamente ante la Patria la pureza de sus pensamientos, libres de violencia, de ira o de prevención y solo inspirada en el propósito de interpretar en bien de Cuba los votos populares para la institución del régimen y Gobierno provisional de la República, los Representantes electos de la Revolución en Asamblea Constituyente, han pactado ante Cuba y el mundo, con la fe de su honor empeñada en el cumplimiento, los siguientes Artículos de Constitución:

Constitución de la República de Cuba

Artículos

Artículo 1. El Gobierno Supremo de la República residirá en un Consejo de Gobierno, compuesto de un Presidente, un Vicepresidente, y cuatro Secretarios de Estado, para el despacho de los asuntos de Guerra, de lo Interior, de Relaciones Exteriores y de Hacienda.

Artículo 2. Cada Secretario tendrá un Subsecretario de Estado para suplir los casos de vacante.

Artículo 3. Serán atribuciones del Consejo de Gobierno:

1. Dictar todas las disposiciones relativas a la vida civil y política de la Revolución;

2. Imponer y percibir contribuciones, contraer empréstitos públicos, emitir papel moneda, invertir los fondos recaudados en la Isla por cualquier título que sean y los que a título oneroso se obtengan en él;

3. Conceder patentes de corso, levantar tropas y mantenerlas, declarar represalias respecto al enemigo y ratificar tratados;

4. Conceder autorización, así lo estime oportuno, para someter al Poder Judicial el Presidente y demás miembros del Consejo si fuesen acusados;

5. Resolver las acusaciones de toda índole excepto judicial, que tienen derecho a presentarle todos los hombres de la Revolución;

6. Aprobar la Ley de Organización Militar y Ordenanzas del Ejército que propondrá el General en jefe;

7. Conferir los grados militares de Coronel en adelante, previos informes del Jefe Superior inmediato y del General en

jefe y designar el nombramiento de este último y del Lugarteniente General en caso de vacante de ambos;

8. Ordenar la elección de cuatro representantes por cada cuerpo de Ejército, cada vez que conforme a esta Constitución sea necesaria la convocación de Asambleas.

Artículo 4. El Consejo de Gobierno solamente intervendrá en la dirección de las operaciones militares, cuando a su juicio sea absolutamente necesario a la realización de otros fines políticos.

Artículo 5. Es requisito para la validez de los acuerdos del Consejo de Gobierno el de haber tomado parte en la liberación los dos tercios de los miembros del mismo, y haber resuelto aquellos por voto de la mayoría de los concurrentes.

Artículo 6. El cargo de Consejero es incompatible con los demás de la República y requiere la edad mayor de veinticinco años.

Artículo 7. El Poder Ejecutivo residirá en el Presidente, o en su defecto en el Vicepresidente.

Artículo 8. Los acuerdos del Consejo de Gobierno serán sancionados y promulgados por el Presidente quien dispondrá lo necesario para su cumplimiento en un término que no excederá de diez años.

Artículo 9. El Presidente puede celebrar tratados con la ratificación del Consejo de Gobierno.

Artículo 10. El Presidente recibirá a los Embajadores y expedirá sus despachos a todos los funcionarios.

Artículo 11. El tratado de paz con España que ha de tener precisamente por base la Independencia absoluta de la Isla de Cuba, deberá ser ratificado por el Consejo de Gobierno y la Asamblea de Representantes convocada expresamente para ese fin.

Artículo 12. El Vicepresidente sustituirá al Presidente en caso de vacante.

Artículo 13. En el caso de resultar vacantes los cargos de Presidente y Vicepresidente, por renuncia, deposición o muerte, u otra causa, se reunirá una Asamblea de Representantes para la elección de los que hayan de desempeñar los cargos vacantes que interinamente ocuparán los Secretarios de más edad.

Artículo 14. Los Secretarios tomarán parte con voz y voto en las deliberaciones de los acuerdos de cualquiera índole que fueren.

Artículo 15. Es atribución de los Secretarios proponer todos los empleados de sus respectivos despachos.

Artículo 16. Los Subsecretarios sustituirán en los casos de vacante a los Secretarios de Estado, teniendo entonces voz y voto en las deliberaciones.

Artículo 17. Todas las fuerzas armadas de la República y la dirección de las operaciones de la guerra, estarán bajo el comando directo del General en jefe, que tendrá a sus órdenes como segundo en el mando un Lugarteniente General que le sustituirá en caso de vacante.

Artículo 18. Los funcionarios de cualquiera orden que sean se prestarán recíproco auxilio para el cumplimiento de las resoluciones del Consejo de Gobierno.

Artículo 19. Todos los cubanos están obligados a servir a la Revolución con su persona e intereses, según sus aptitudes.

Artículo 20. Las fincas y propiedades de cualquier clase pertenecientes a extranjeros, estarán sujetas al pago del impuesto en favor de la Revolución mientras su respectivo Gobierno no reconozca la beligerancia de Cuba.

Artículo 21. Todas las deudas y compromisos contraídos desde que se inició el actual periodo de guerra, hasta ser promulgada esta Constitución por los Jefes del Cuerpo de Ejército en beneficio de la Revolución, serán válidos como los que en lo sucesivo correspondan al Consejo de Gobierno efectuado.

Artículo 22. El Consejo de Gobierno podrá deponer a cualquiera de sus miembros por causa justificada a juicio de dos tercios de los Consejeros y dará cuenta en la primera Asamblea que se convoque.

Artículo 23. El Poder Judicial procederá con entera independencia de todos los demás, su organización y reglamentación estarán a cargo del Consejo de Gobierno.

Artículo 24. Esta Constitución regirá a Cuba durante dos años a contar desde su promulgación si antes no termina la guerra de Independencia. Transcurrido este plazo se convocará a Asamblea de Representantes que podrá modificarla y procederá a la elección de nuevo Consejo de Gobierno y a la censura del saliente.

Así lo ha pactado, y en nombre de la República lo ordena, la Asamblea Constituyente en Jimaguayú a 16 de septiembre de 1895. Y en testimonio firmamos los Representantes delegados por el Pueblo Cubano en armas.

Siguen las siguientes firmas: Salvador Cisneros Betancourt, Presidente, Rafael Manduley, Vicepresidente, Raimundo Sánchez, Lope Recio Loynaz. Francisco López Leiva, Francisco Díaz Silveira, Rafael M. Portuondo, Fermín Valdés Domínguez, Dr. Santiago García Cañizares, Pedro Piñán de Villegas, Enrique Loinaz del Castillo, Joaquín O. Castillo, José Clemente Vivanco, Scrio. Mariano Sánchez Vaillant, Severo Piña, Pedro Aguilera, Orencio Nodarse, Scrio. Enrique Céspedes, Rafael Pérez Morales, Mario Padilla.

Constitución de La Yaya de 1897

30 de octubre de 1897

Nosotros, los Representantes del Pueblo Cubano, libremente reunidos en Asamblea Constituyente, convocada a virtud del mandato contenido en la Constitución de 16 de septiembre de 1895, ratificando el propósito firme e inquebrantable de obtener la Independencia absoluta e inmediata de toda la Isla de Cuba para constituir en ella una República Democrática e inspirándonos en las necesidades actuales de la Revolución, decretamos la siguiente: Constitución de la República de Cuba.

Título I. Del territorio y la ciudadanía

Artículo 1. La República de Cuba comprende el territorio que ocupe la Isla de Cuba e islas y cayos adyacentes. Una ley determinará la división del Territorio.

Artículo 2. Son cubanos:

1. Las personas nacidas en territorio cubano;

2. Los hijos de padre o madre cubanos aunque nazcan en el extranjero;

3. Las personas que estén al servicio directo de la Revolución, cualquiera que sea su nacionalidad de origen.

Artículo 3. Todos los cubanos están obligados a servir a la patria con sus personas y bienes, de acuerdo con las leyes y según sus aptitudes.

El servicio militar es obligatorio e irredimible.

Título II. De los derechos individuales y políticos

Artículo 4. Nadie podrá ser detenido, procesado ni sufrir condena, sino en virtud de hechos penados en leyes anteriores a su comisión y en la forma que las mismas determinen.

Artículo 5. Ninguna autoridad podrá detener ni abrir correspondencia oficial o privada, salvo con las formalidades que las leyes establezcan y por causa de delito.

Artículo 6. Los cubanos y extranjeros serán amparados en sus opiniones religiosas y en el ejercicio de sus respectivos cultos, mientras éstos no se opongan a la moral pública.

Artículo 7. Nadie podrá ser compelido a pagar otras contribuciones que las acordadas por autoridad competente.

Artículo 8. La enseñanza es libre en todo el territorio de la República.

Artículo 9. Los cubanos pueden dirigir libremente peticiones a las autoridades, con derecho a obtener resolución oportuna. Las fuerzas armadas deberán ajustarse en el ejercicio de este derecho a lo que vengan las Ordenanzas y la Ley de Organización Militar.

Artículo 10. El derecho electoral se regulará por el Gobierno sobre la base de sufragio universal.

Artículo 11. Nadie podrá penetrar en domicilio ajeno, sino cuando trate de evitar la comisión de un delito, estando al efecto competentemente autorizado.

Artículo 12. Ningún cubano puede ser compelido a mudar de domicilio, sino por decisión judicial.

Artículo 13. Todos los cubanos tienen derecho a emitir con libertad sus ideas y a reunirse y asociarse para los fines lícitos de la vida.

Artículo 14. Los derechos cuyo ejercicio garantizan los tres Artículos anteriores, podrán mientras dure el actual estado de guerra, ser suspendidos total o parcialmente por el Consejo de Gobierno.

Título III. Del Gobierno de la República

Sección I. De los Poderes Públicos

Artículo 15. El Poder Ejecutivo reside en un Consejo de Gobierno que tendrá la facultad de dictar leyes y disposiciones de carácter general con arreglo a esta Constitución.

Artículo 16. La administración de justicia en lo criminal corresponde a la Jurisdicción de Guerra y se ejercerá en la forma que las leyes determinen.

Artículo 17. La administración de justicia en lo civil corresponde a las autoridades de este orden y su funcionamiento será regulado por una ley.

Sección II. Del Consejo de Gobierno

Artículo 18. El Consejo de Gobierno se compone de un Presidente, un Vicepresidente y cuatro Secretarios de Estado para el despacho de los asuntos de Guerra, Hacienda, Exterior e Interior. Todos los miembros del Consejo tienen voz y voto en sus deliberaciones.

Artículo 19. Para ser Presidente o Vicepresidente se requiere ser cubano de nacimiento o ciudadano cubano con más de diez años de servicios a la causa de la Independencia de Cuba;

haber cumplido la edad de treinta años. Para ser Secretario de Estado haber cumplido la edad de veinticinco años.

Artículo 20. El Consejo de Gobierno nombrará su Secretario que podrá separar libremente.

Artículo 21. Cada Secretario en los casos de vacante, ausencia o enfermedad, desempeñará las comisiones que le confíe el Consejo de Gobierno.

Artículo 22. Son atribuciones del Consejo de Gobierno, además de las estatuidas por otros Artículos de esta Constitución:

1. Dictar todas las leyes y disposiciones relativas al Gobierno de la Revolución y a la vida militar civil y política del Pueblo Cubano;

2. Resolver las peticiones que se le dirijan, disponiendo se tramiten en forma las que no vengan en grado;

3. Deponer mediante justa causa y daño su responsabilidad a cualquier Consejero o Vicesecretario.

De esta resolución se dará cuenta en la primera Asamblea y solo podrá adoptarse por los votos conformes de cuatro Consejeros;

4. Nombrar Secretario y Vicesecretario para el desempeño de un despacho cuando ambos cargos estuvieren vacantes durante dos meses;

5. Nombrar y separar los funcionarios públicos de todo orden en la forma que las leyes determinen, disponiendo sean sometidos a los tribunales de justicia en los casos en que así proceda;

6. Determinar la política de guerra y las líneas generales de la campaña e intervenir, cuando a su juicio exista fundado motivo para ello en las operaciones militares por intermedio siempre de los Generales de la Nación;

7. Levantar tropas, declarar represalias y conceder patentes de Corso;

8. Conferir los grados militares de Alférez a Mayor General en la forma que establezca la ley de Organización Militar;

9. Emitir papel moneda, acuñar ésta, determinado su especie y valor;

10. Contratar empréstitos, fijando sus vencimientos, intereses, descuentos, corretajes y garantías y hacer todas las negociaciones que aconseje el bien público, siendo estrechamente responsable del uso que haga de estas facultades y de las que determina el número anterior;

11. Imponer contribuciones, decretar la inversión de los fondos públicos y pedir y aprobar cuentas de los mismos;

12. Determinar la política exterior y nombrar y separar agentes, representantes y delegados de todas categorías;

13. Conceder pasaportes;

14. Extender los salvoconductos necesarios para el ejercicio de las funciones del Gobierno;

15. Celebrar tratados con otras potencias, designando los comisionados que deben ajustarlos, pero sin poder delegar en ellos su aprobación definitiva. El de Paz con España ha de ser ratificado por la Asamblea y no podrá ni siquiera iniciarse sino sobre la base de independencia absoluta e inmediata de toda la Isla de Cuba.

Artículo 23. No son delegables las facultades que esta ley otorga al Consejo de Gobierno o a cualquiera de sus miembros.

Artículo 24. Los acuerdos todos del Consejo habrán de tomarse por mayoría absoluta, concurriendo a la Sesión por lo menos cuatro Consejeros, entre ellos el que desempeñe la Secretaría del Ramo a que el asunto pertenezca.

Artículo 25. Los Consejeros no podrán desempeñar ni ser nombrados para ningún otro cargo mientras estén ejerciendo sus funciones, exceptuándose el de Representante en la Asamblea que ratifique el tratado de paz con España.

Artículo 26. Los Consejeros no podrán ser procesados sin previa autorización del Gobierno, ni detenidos, salvo en el caso de flagrante delito. Los Vicesecretarios en comisión expresa, y determinada del Consejo de Gobierno, gozarán de esta misma prerrogativa.

Sección III. Del Presidente y del Vicepresidente de la República

Artículo 27. El Presidente de la República es el Presidente del Consejo de Gobierno y en su carácter representativo superior jerárquico de todos los funcionarios.

Artículo 28. Son sus atribuciones:

1. Representar a la República en sus actos y relaciones oficiales;

2. Autorizar con su firma los documentos que se dirijan a funcionarios extranjeros de igual jerarquía;

3. Firmar las proclamas y manifiestos que acuerde el Consejo de Gobierno;

4. Autorizar con su Visto Bueno los despachos y certificaciones que expidan los Secretarios de Estado o el del Consejo;

5. Autorizar a nombre del Consejo del Gobierno los Diplomas y Nombramientos que éste acuerde.

Artículo 29. El Vicepresidente asistirá con voz y voto a todas las Sesiones del Consejo y sustituirá al Presidente con todas sus facultades en caso de vacante, ausencia o enfermedad.

Sección IV. De los Secretarios del Estado

Artículo 30. Los Secretarios de Estado tendrán como facultad privativa la tramitación de los asuntos relativos a sus despachos y serán los Jefes superiores de todos los funcionarios y empleados de sus ramos, los que propondrán cuando conforme a las leyes deba nombrarlos el Consejo de Gobierno.

Artículo 31. El Secretario de Guerra será el Jefe superior jerárquico del Ejército Libertador.

Artículo 32. Los servicios administrativos del Ejército dependen de la Secretaría de la Guerra y serán reglamentados por la Ley de Organización Militar.

Artículo 33. El Secretario de Hacienda será el depositario de los fondos nacionales y dependerán de él los asuntos relativos a Deuda Pública y Contabilidad.

Artículo 34. El Secretario del Exterior es el Jefe superior inmediato de todos los agentes, Representantes y Delegados en el Extranjero.

Artículo 35. El Secretario del Interior será el encargado de los asuntos de la vida civil y jefe superior de las Autoridades y empleados del Ramo.

Sección V. Del Secretario del Consejo del Gobierno

Artículo 36. El Secretario del Consejo asistirá sin voz ni voto a todas las Sesiones del Consejo de Gobierno, cuyas actas redactará, autorizándolas con su firma después de aprobadas y firmadas por todos los Consejeros que hayan asistido a la Sesión.

Artículo 37. Expedir con vista de sus archivos las certificaciones que ordene el Presidente o el Consejo de Gobierno.

Título IV. De la Asamblea de Representantes

Artículo 38. La Asamblea de Representantes deberá reunirse a los dos años de promulgada esta ley y tendrá facultades para hacer una nueva Constitución o modificar ésta, censurar la gestión del Gobierno y proveer a todas las necesidades de la República.

El Consejo de Gobierno, con la debida anticipación y bajo su más estrecha responsabilidad, adoptará las medidas oportunas para que se cumpla este precepto constitucional.

Artículo 39. Deberá también reunirse la Asamblea de Representantes cuando resulten vacantes los cargos de Presidente y Vicepresidente o cuando dos Secretarías de Estado, no tengan para su desempeño personas nombradas al efecto por la Asamblea o éstas se encuentren impedidas para el ejercicio del cargo.

Esta Asamblea tendrá por objeto exclusivo proveer los cargos vacantes o servidos por personas nombradas con arreglo al Inciso 4 Artículo 22 de la Constitución.

Artículo 40. Si el Gobierno, de acuerdo con el Inciso 15 del mismo Artículo 22 pactase la paz con España convocará la Asamblea que deba ratificar el tratado. Esta Asamblea proveerá interinamente al régimen y gobierno de la República hasta que se reúna la Asamblea Constituyente definitiva.

Artículo 41. Si España, sin acuerdo previo con el Consejo de Gobierno evacuase todo el territorio se convocará una Asamblea que tendrá las mismas facultades que se especifican en el segundo Párrafo del Artículo anterior. Se entenderá llegado este caso cuando los Ejércitos Cubanos ocupen de un modo permanente todo el territorio de la Isla, aunque el enemigo conserve en su poder algunas fortalezas.

Artículo 42. La Asamblea se compondrá de cuatro Representantes por cada uno de los territorios en que actualmente opera un Cuerpo de Ejército. En los casos determinados por los dos Artículos anteriores serán ocho los Representantes que debe elegir cada territorio.

Artículo 43. La Asamblea de Representantes, mientras no acuerde otra cosa, se ajustará para su Constitución y funcionamiento al Reglamento Interior vigente.

Artículo 44. Los Representantes son inmunes por las opiniones y votos que emitan en el ejercicio de su cargo y no podrán ser detenidos, ni procesados por ningún motivo sin previa autorización de la Asamblea. Podrán sin embargo ser detenidos, dándose cuenta inmediatamente a la Asamblea, en los casos de flagrante delito.

Artículo 45. El cargo de Representantes es incompatible con el ejercicio de cualquiera otro. Una vez disuelta la Asamblea volverá cada uno de sus individuos a ocupar, si no lo hubiese renunciado, el empleo que desempeñaban al momento de la elección.

Título V. Disposiciones generales

Artículo 46. La República de Cuba solo garantizará las deudas reconocidas por la Constitución de 1895 y las que con posterioridad se hayan contraído o contraigan legítimamente.

Artículo 47. Los extranjeros no podrán reclamar indemnización alguna por daños que les hayan causado las fuerzas cubanas con anterioridad a la fecha en que sus respectivos gobiernos reconozcan la beligerancia o independencia de Cuba.

Artículo 48. Esta Constitución regirá hasta que se promulgue otra que la derogue.

«La Yaya», Camagüey, Octubre 30 de 1897.

Domingo Méndez Capote, Presidente. José Lacret Morlot, Vicepresidente. Cosme de la Torriente. José Fernández Rondán. Tomás Padró Sánchez Griñán. José Fernández de Castro. Lope Recio Loynaz. Manuel Rodríguez Fuentes. Manuel Ramón Silva. Nicolás Alberdi. Salvador Cisneros y B. Lucas Álvarez y Cerice. Manuel Despaigne. Pedro Mendoza. Andrés Moreno de la Torre. Fernando Freyre. Ernesto Fonts Sterling. Manuel F. Alfonso. José B. Alemán. Enrique Collazo. Carlos Manuel de Céspedes y Quesada, Secretario. Aurelio Hevia, Secretario.

Constitución Autonómica de 1897

25 de noviembre de 1897

REAL DECRETO:

De acuerdo con el parecer de mi Consejo de Ministros:

En nombre de mi Augusto hijo, el Rey Don Alfonso XIII, y como Reina Regente del Reino, vengo en decretar lo siguiente:

Título primero. Del Gobierno y Administración de las islas de Cuba y Puerto Rico

Artículo 1. El Gobierno y Administración de las Islas de Cuba y Puerto Rico se regirá en adelante con arreglo a las siguientes disposiciones.

Artículo 2. El Gobierno de cada una de las Islas se compondrá de un Parlamento Insular, dividido en dos Cámaras y de un Gobernador General, representante de la Metrópoli, que ejercerá en nombre de ésta la Autoridad suprema.

Título segundo. De las Cámaras Insulares

Artículo 3. La facultad de legislar sobre los asuntos coloniales en la forma y en los términos marcados por las Leyes corresponde a las Cámaras Insulares con el Gobernador General.

Artículo 4. La representación insular se compone de dos Cuerpos iguales en facultades: la Cámara de Representantes y Consejo de administración.

Título tercero. Del Consejo de Administración

Artículo 5. El Consejo se compone de treinta y cinco individuos, de los cuales dieciocho serán elegidos en la forma indicada en la Ley electoral, y los otros diecisiete serán designados por el Rey y a su nombre por el Gobernador General, entre los que reúnan las condiciones enumeradas en los Artículos siguientes.

Artículo 6. Para tomar asiento en el Consejo de Administración se requiere:

1. Ser español;

2. Haber cumplido treinta y cinco años;

3. Haber nacido en la Isla o llevar en ella cuatro años de residencia constante;

4. No estar procesado criminalmente;

5. Hallarse en la plenitud de los derechos políticos;

6. No tener sus bienes intervenidos y no tener participación en contratos con el Gobierno Central o con el de la Isla. Los accionistas de las Sociedades Anónimas no se considerarán contratistas del Gobierno, aun cuando lo sean las Sociedades a que pertenezcan.

Artículo 7. Podrán ser elegidos o designados Consejeros de Administración los que, además de las condiciones generales señaladas en el Artículo anterior, tengan alguna de las especiales siguientes:

1. Poseer con dos años de antelación renta propia anual de dos mil pesos, procedente de bienes inmuebles que radiquen en la Isla;

2. Ser o haber sido Senador del Reino o tener las condiciones que para ejercer dicha cargo señala el Título III de la Constitución:

a) Presidente del Consejo de Secretarios del Despacho;
b) Presidente o Fiscal de la Audiencia de La Habana;
c) Rector de la Universidad de la misma;
d) Consejero de Administración del antiguo Consejo de este nombre;
e) Presidente de la Cámara de Comercio de la capital;
f) Presidente de la Sociedad Económica de Amigos del País, de La Habana;
g) Presidente del Círculo de Hacendados;
h) Presidente de la Unión de Fabricantes de Tabacos;
i) Presidente de la Liga de Comerciantes, Industriales y Agricultores de Cuba
j) Presidente de la Academia de Ciencias de La Habana;
k) Decano del Ilustre Colegio de Abogados de la capital;
l) Alcalde de La Habana, si el Ayuntamiento procediere de elección popular;
m) Presidente de Diputación Provincial, si ésta fuera de elección popular;
n) Deán de cualquiera de los Cabildos catedrales;

3. Podrán igualmente ser elegidos o designados los que figuren en las listas de los cincuenta mayores contribuyentes por territorial o en la de los cincuenta primeros por comercio, profesiones, industria y artes.

Artículo 8. El nombramiento de los Consejeros de la Corona que se designen se hará por Decretos especiales, en los cuales se expresará siempre el título en que el nombramiento se funda.

Los Consejeros así nombrados ejercerán el cargo durante su vida.

Los Consejeros electivos se renovarán por mitad cada cinco años, y en totalidad cuando el Gobernador General disuelva el Consejo de Administración.

Artículo 9. Las condiciones necesarias para ser nombrado o elegido Consejero de Administración podrán variarse por una Ley del Reino, a petición o propuesta de las Cámaras Insulares.

Artículo 10. Los Consejeros de Administración no podrán admitir empleo, ascenso que no sea de escala cerrada, título ni condecoración mientras estuviesen abiertas las sesiones; pero tanto el Gobierno local como el central podrán conferirles, dentro de sus respectivos empleos o categorías, las comisiones que exija el servicio público. Exceptúase de lo dispuesto en los párrafos anteriores el cargo de Secretario del Despacho.

Título cuarto. De la Cámara de Representantes

Artículo 11. La Cámara de Representantes se compondrá de los que nombren las Juntas electorales en la forma que determina la Ley y en la proporción de uno por cada 25.000 habitantes.

Artículo 12. Para ser elegido Representante se requiere ser español, de estado seglar, mayor de edad, gozar de todos los derechos civiles, ser nacido en la Isla de Cuba o llevar cuatro años de residencia en ella y no hallarse procesado criminalmente.

Artículo 13. Los Representantes serán elegidos por cinco años y podrán ser reelegidos indefinidamente.

La Cámara Insular determinará con qué clase de funciones es incompatible el cargo de Representante y los casos de reelección.

Artículo 14. Los Representantes a quienes el Gobierno Central o el local confieran pensión, empleo, ascenso que no sea de escala cerrada, comisión con sueldo, honores o condecoraciones, cesarán en su cargo sin necesidad de declaración alguna si dentro de los quince días inmediatos a su nombramiento no participan a la Cámara la renuncia de la gracia.

Lo dispuesto en el párrafo anterior no comprende a los Representantes que fueren nombrados Secretarios del Despacho.

Título quinto. De la manera de funcionar las Cámaras Insulares y de las relaciones entre ambas

Artículo 15. Las Cámaras se reúnen todos los años. Corresponde al Rey, y en su nombre al Gobernador General, convocarlas, suspender, cerrar sus sesiones y disolver separada o simultáneamente la Cámara de Representantes y el Consejo de Administración, con la obligación de convocarlas de nuevo o de renovarlas dentro de tres meses.

Artículo 16. Cada uno de los Cuerpos Colegisladores formará su respectivo reglamento y examinará así las calidades de los individuos que componen como la legalidad de su elección.

Mientras la Cámara de Representantes y el Consejo de Administración no hayan aprobado a su Reglamento, se regirán por el del Congreso de los Diputados o por el del Senado, respectivamente.

Artículo 17. Ambas Cámaras nombrarán su Presidente, vicepresidente y Secretarios.

Artículo 18. No podrá estar reunido uno de los dos Cuerpos Colegisladores sin que también lo esté el otro.

Artículo 19. Las Cámaras Insulares no pueden deliberar juntas ni en presencia del Gobernador General. Sus sesiones serán públicas, aun cuando en los casos que exijan reserva podrá cada una celebrar sesión secreta.

Artículo 20. Al Gobernador General, por medio de los Secretarios del Despacho, corresponde, lo mismo que a cada una de las dos Cámaras, la iniciativa y proposición de los estatutos coloniales.

Artículo 21. Los estatutos coloniales sobre contribuciones y crédito público se presentarán primero a la Cámara de Representantes.

Artículo 22. Las resoluciones en cada alto de los Cuerpos Colegisladores se toman con pluralidad de votos; pero para votar acuerdos de carácter legislativo se requiere la presencia de la mitad más uno del número total de individuos que lo componen. Bastará, sin embargo, para deliberar la presencia de la tercera parte de los miembros.

Artículo 23. Para que una resolución se entienda votada por el Parlamento Insular, será preciso que haya sido aprobada en iguales términos por la Cántara de Representantes y por el Consejo de Administración.

Artículo 24. Los estatutos coloniales, una vez aprobados en la forma descrita en el Artículo anterior, se presentarán al Gobernador General por las mesas de las Cámaras respectivas para su sanción y promulgación.

Artículo 25. Los Consejeros de Administración y los individuos de la Cámara de Representantes son inviolables por sus opiniones y votos en el ejercicio de su cargo.

Artículo 26. Los Consejeros de Administración no podrán ser procesados ni arrestados sin previa resolución del Consejo, sino cuando sean hallados in fraganti o cuando aquél no esté reunido; pero en todo caso se dará cuenta a este Cuerpo lo más pronto posible para que determine lo que corresponda. Tampoco podrán los Representantes ser procesados ni arrestados durante las sesiones sin permiso de la Cámara, a no ser hallados in fraganti; pero en este caso, y en el de ser procesados o arrestados cuando estuvieren cerradas las Cámaras, se dará cuenta lo más pronto posible a la de Representantes para su conocimiento y resolución. La Audiencia pretorial de La Habana conocerá de las causas criminales contra los Consejeros y Representantes en los casos y en la forma que determinen los Estatutos Coloniales.

Artículo 27. Las garantías consignadas en el Artículo anterior no se aplicarán a los casos en que el Consejero o Representante se declare autor de artículos, libros, folletos, impresos de cualquier clase en los cuales se invite o provoque a la sedición militar, se injurie o calumnie al Gobernador General o se ataque la integridad nacional.

Artículo 28. Las relaciones entre las Cámaras se regularán, mientras otra causa no se disponga, por la Ley de relaciones entre ambos Cuerpos Colegisladores, de 19 de julio de 1837.

Artículo 29. Además de la potestad legislativa colonial, corresponde a las Cámaras Insulares:

1. Recibir al Gobernador General el juramento de guardar la Constitución y las leyes que garantizan la autonomía de la Colonia;

2. Hacer efectiva la responsabilidad de los Secretarios del Despacho, los cuales, cuando sean acusados por la Cámara de Representantes, serán juzgados por el Consejo de Administración;

3. Dirigirse al Gobierno Central por medio del Gobernador General para proponerle la derogación o modificación de las leyes del Reino vigentes, para invitarle a presentar proyectos de Ley sobre determinados asuntos o para pedirle resoluciones de carácter ejecutivo en los que interesen a la Colonia.

Artículo 30. En todos los casos en que, a juicio del Gobernador General, los intereses nacionales puedan ser afectados por los Estatutos coloniales, precederá a la presentación de los proyectos de iniciativa ministerial su comunicación al Gobierno Central. Si el proyecto naciera de la iniciativa parlamentaria, el Gobierno colonial reclamará el aplazamiento de la discusión hasta que el Gobierno Central haya manifestado su juicio.

En ambos casos, la correspondencia que mediare entre los dos Gobiernos se comunicará a las Cámaras y se publicará en la Gaceta.

Artículo 31. Los conflictos de jurisdicción entre las diferentes asambleas municipales, provinciales e insular, o con el Poder Ejecutivo, que por su índole no fueran referidas al Gobierno Central, se someterán a los Tribunales de Justicia, con arreglo a las disposiciones del presente Decreto.

Título sexto. De las facultades del Parlamento Insular

Artículo 32. Las Cámaras Insulares tienen facultad para acordar sobre todos aquellos puntos que no hayan sido especial y taxativamente reservados a las Cortes del Reino o el Gobierno Central, según el presente Decreto o lo que en adelante se dispusiere, con arreglo a lo preceptuado en el Artículo 2 adicional.

En este sentido, y sin que la enumeración suponga limitación de sus facultades, les corresponde estatuir sobre cuantas materias y asuntos incumben a los Ministerios de Gracia y Justicia, Gobernación, Hacienda y Fomento, en sus tres aspectos de Obras Públicas, Instrucción y Agricultura.

Les corresponde además el conocimiento privativo de todos aquellos asuntos de índole puramente local que afecten principalmente al territorio colonial; y en este sentido podrán estatuir sobre la organización administrativa, sobre división territorial, provincial, municipal o judicial; sobre sanidad marítima o terrestre; sobre crédito público, bancos y sistema monetario.

Estas facultades se entienden sin perjuicio de las que sobre las mismas materias correspondan, según las Leyes, al Poder Ejecutivo Colonial.

Artículo 33. Corresponde igualmente al Parlamento Insular formar los reglamentos de aquellas leyes votadas por las Cortes del Reino que expresamente se le confíen. En este sentido le compete muy especialmente, y podrá hacerlo desde su primera reunión, estatuir sobre el procedimiento electoral, formación del Censo, calificación de los electores y manera de ejercitar el sufragio, pero sin que sus disposiciones puedan afectar al derecho del ciudadano, según le está reconocido por la Ley Electoral.

Artículo 34. Aun cuando las Leyes relativas a la Administración de Justicia, de organización de los Tribunales son de carácter general y obligatorias, por tanto, para, la Colonia, el Parlamento Colonial podrá, con sujeción a ellas, dictar las reglas y proponer al Gobierno Central las medidas que faciliten el ingreso, conservación y ascenso en los Tribunales locales de los naturales de la Isla, o de los que en ella ejerzan la profesión de Abogados.

Al Gobernador General en consejo corresponden las facultades que, respecto al nombramiento de los funcionarios, subalternos y auxiliares del orden judicial y demás asuntos con la Administración de Justicia relacionados, ejerce hoy el Ministro de Ultramar, en cuanto a la Isla de Cuba se refiere.

Artículo 35. Es facultad exclusiva del Parlamento Insular la formación del presupuesto local, tanto de gastos como de ingresos, y del de ingresos necesarios para cubrir la parte que a la Isla corresponda en el presupuesto nacional.

Al efecto, el Gobernador General presentará a las Cámaras, antes del mes de enero de cada año, el presupuesto correspondiente al ejercicio siguiente, dividido en dos partes:

1. La primera contendrá los ingresos necesarios para cubrir los gastos de la soberanía;

2. La segunda, los gastos e ingresos propios de la administración colonial.

Ninguna de las Cámaras podrá pasar a deliberar sobre el presupuesto colonial sin haber volado definitivamente la parte referente a los gastos de Soberanía.

Artículo 36. A las Cortes del Reino corresponde determinar cuáles hayan de considerarse por su naturaleza gastos obligatorios inherentes a la soberanía y fijar además cada tres años su cuantía y los ingresos necesarios para cubrirlos, salvo siempre el derecho de las mismas Cortes para alterar esta disposición.

Artículo 37. La negociación de los tratados de comercio que afecten a la Isla de Cuba, bien se deban a la iniciativa del Gobierno Insular, bien a la del Gobierno Central, se llevará siempre por éste, auxiliado en ambos casos por delegados especiales debidamente autorizados por el Gobernador colonial, cuya conformidad con los convenidos se hará constar al presentarlos a las Cortes del Reino.

Estos Tratados, si fueren aprobados por éstas, se publicarán como leyes del Reino y como tales regirán en el territorio insular.

Artículo 38. Los Tratados de comercio en cuyas negociaciones no hubiese intervenido el Gobierno Insular, se le comunicarán en cuanto fueren leyes del Reino, a fin de que pueda, en un período de tres meses, declarar si desea o no adherirse a sus estipulaciones. En caso afirmativo, el Gobernador General lo publicará en la Gaceta como Estatuto colonial.

Artículo 39. Corresponderá también al Parlamento Insular la formación del arancel y la designación de los derechos que hayan de pagar las mercancías, tanto a su importación en el territorio insular como a la exportación del mismo.

Artículo 40. Como transición del régimen actual al que ahora se establece, y sin perjuicio de lo que puedan convenir en su día los dos Gobiernos, las relaciones mercantiles entre la Península y la Isla de Cuba se regirán por las siguientes disposiciones:

1. Ningún derecho, tenga o no carácter fiscal y establézcase para la importación o la exportación, podrá ser diferencial en perjuicio de la producción insular o peninsular;

2. Se formará por los dos Gobiernos una lista de Artículos de procedencia nacional directa, a los cuales se les señalará, de común acuerdo, un derecho diferencial sobre sus similares de procedencia extranjera.

En otra lista análoga, formada por igual procedimiento, se determinarán los productos de procedencia insular directa, que habrán de recibir tanto privilegiado a su entrada en la Península y el tipo de los derechos diferenciales. Este derecho diferencial en ningún caso excederá para ambas procedencias del 35 por 100.

Si en la formación de ambas listas y en la fijación de los derechos protectores hubiera conformidad entre los dos Gobiernos, las listas se considerarán definitivas y se pondrán desde luego en vigor. Si hubiere discrepancia se someterá la resolución del punto litigioso a una comisión de Diputados del Reino, formada por iguales partes de cubanos y peninsulares. Esta comisión nombrará su presidente; si sobre su nombramiento no se llegara a un acuerdo presidirá el de más edad. El presidente tendrá voto de calidad;

3. Las tablas de las valoraciones relativas a los Artículos enumerados en las dos listas mencionadas en el número anterior se fijarán de común acuerdo y se revisarán contradictoriamente cada dos.

Las modificaciones que en su vista proceda hacer en los derechos arancelarios se llevarán desde luego a cabo por los respectivos Gobiernos.

Título séptimo. Del Gobernador General

Artículo 41. El Gobierno Supremo de la Colonia se ejercerá por un Gobernador General, nombrado por el Rey, a propuesta del Consejo de Ministros. En este concepto ejercerá como vicerreal patrono las facultades inherentes al Patronato de Indias; tendrá el mando superior de todas las fuerzas armadas de mar y tierra existentes en la Isla; será delegado de los Ministerios de Estado, Guerra, Marina y Ultramar; le estarán subordinadas todas las demás autoridades de la Isla y será responsable de la conservación del orden y de la seguridad de la Colonia.

El Gobernador General, antes de hacerse cargo de su destino, prestará en manos del Rey el juramento de cumplirlo fiel y lealmente.

Artículo 42. El Gobernador General, como representante de la Nación, ejercerá por sí, y auxiliado por su secretario, todas las funciones indicadas en el Artículo anterior y las que puedan corresponderle como delegado directo del Rey en los asuntos de carácter nacional.

Corresponde al Gobernador General como representante de la Metrópoli:

1. Designar libremente los empleados de su Secretaría;

2. Publicar, ejecutar y hacer que se ejecuten en la Isla las leyes, decretos, tratados, convenios internacionales y demás disposiciones emanadas del Poder legislativo, así como los decretos, reales órdenes y demás disposiciones emanadas del Poder Ejecutivo y que le fueran comunicados por los Ministerios de que es delegado. Cuando a su juicio y al de sus Secretarios del Despacho las resoluciones del Gobierno de Su Majestad pudieran causar daños a los intereses generales de la Nación o a los especiales de la Isla, suspenderán su publicación y cumplimiento, dando cuenta de ello y de las causas que motiven su resolución al Ministerio respectivo;

3. Ejercer la gracia de indulto a nombre del Rey, dentro de los límites que especialmente se le hayan señalado en sus instrucciones, y suspender las ejecuciones de pena capital cuando la gravedad de las circunstancias lo exigiesen o la urgencia no diere lugar a solicitar y obtener de Su Majestad el indulto, oyendo en todo caso el parecer de sus Secretarios del Despacho;

4. Suspender las garantías expresadas en los Artículos 4, 5, 6 y 9 y párrafos primero, segundo y tercero del Artículo 13 de la Constitución del Estado; aplicar la legislación de orden público y tomar cuantas medidas crea necesarias para conservar la paz en el interior y la seguridad en el exterior del territorio que le está confiado, oyendo previamente al Consejo de Secretarios;

5. Cuidar de que en la Colonia se administre pronta y cumplidamente la justicia, que se administrará siempre en nombre del Rey;

6. Comunicar directamente sobre negocios de política exterior con los Representantes, Agentes Diplomáticos y Cónsules de España en América.

La correspondencia de este género se comunicará íntegra y simultáneamente al Ministro de Estado.

Artículo 43. Corresponden; al Gobernador General, cono autoridad superior de la Colonia y Jefe de la Administración:

1. Cuidar de que sean respetados y amparados los derechos, facultades y privilegios reconocidos o que en adelante se reconozcan a la Administración Colonial;

2. Sancionar y publicar los acuerdos del Parlamento insular, los cuales les serán sometidos respectivamente por el Presidente y Secretarios de las Cámaras respectivas.

Cuando el Gobernador General entienda que un acuerdo del Parlamento Insular extralimita sus facultades, atenta a los derechos de los ciudadanos reconocidos en el Título Primero de la Constitución o a las garantías que para su ejercicio les han señalado las leyes, o compromete los intereses de la Colonia o del Estado, remitirá el acuerdo al Consejo de Ministros del Reino, el cual, en un período que no excederá de dos meses, lo aprobará o devolverá al Gobernador General, exponiendo los motivos que tenga para oponerse a su sanción y promulgación. El Parlamento Insular, en vista de estas razones, podrá volver a deliberar sobre el asunto y modificarle, si así lo estima conveniente, sin necesidad de proposición especial. Si transcurrieran dos meses sin que el Gobierno Central hubiera manifestado opinión sobre un acuerdo de las Cámaras que le hubiere sido transmitido por el Gobernador General, éste procederá a su sanción y promulgación;

3. Nombrar, suspender y separar a los empleados de la Administración Colonial a propuesta de los respectivos Secretarios del Despacho y con sujeción a las Leyes;

4. Nombrar y separar libremente los Secretarios del Despacho.

Artículo 44. Ningún mandato del Gobernador General, en virtud de su carácter de Representante y Jefe de la Colonia, puede llevarse a efecto si no está refrendado por un Secretario del Despacho, que por este solo hecho se hace de él responsable.

Artículo 45. Las Secretarías del Despacho serán cinco:

1. Gracia, Justicia y Gobernación;

2. Hacienda;

3. Instrucción Pública;

4. Obras Públicas y Comunicaciones;

5. Agricultura, Industria y Comercio.

La Presidencia corresponderá al Secretario que designe el Gobernador General, el cual podrá nombrar un Presidente sin Departamento determinado.

El aumento o disminución de las Secretarías del Despacho, así como la determinación de los asuntos que a cada una corresponde, pertenecen al Parlamento Insular.

Artículo 46. Los Secretarios del Despacho pueden ser individuos de la Cámara de Representantes o del Consejo de Administración y tomar parte en las discusiones de ambos cuerpos; pero solo tendrán voto en aquél a que pertenezcan.

Artículo 47. Los Secretarios del Despacho serán responsables de sus actos ante las Cámaras Insulares.

Artículo 48. El Gobernador General no podrá modificar o revocar sus propias providencias cuando hubiesen sido confirmadas por el Gobierno, fueren declaratorias de derechos, hubieren servido de base o sentencia judicial o contencioso-administrativa o versasen sobre su propia competencia.

Artículo 49. El Gobernador General no podrá hacer entrega de su cargo al ausentarse de la Isla sin expreso mandato del Gobierno. En casos de ausencia de la capital que le impidieren despachar los asuntos e imposibilidad de ejercerlo, podrá, designar la persona o personas que hubieren de sustituirlo, si el Gobierno no lo hubiese hecho de antemano o si en sus instrucciones no estuviera previsto el modo de hacer la sustitución.

Artículo 50. El Tribunal Supremo conocerá en única instancia de las responsabilidades definidas en el Código Penal que se imputaren al Gobernador General.

De las responsabilidades en que incurra conocerá el Consejo de Ministros.

Artículo 51. El Gobernador General, a pesar de lo dispuesto en los diferentes Artículos de este Decreto, podrá obrar por sí y bajo su responsabilidad sin audiencia de sus Secretarios del Despacho, en los siguientes casos:

1. Cuando se trata de la remisión al Gobierno de los acuerdos de las Cámaras insulares, especialmente cuando entienda que en ellos se atenta a los derechos garantidos en el Título Primero de la Constitución de la Monarquía o a las garantías que para su ejercicio han señalado las leyes;

2. Cuando haya de ponerse en ejecución la Ley de Orden Público, sobre todo si no hubiere tiempo o manera de comunicarlo al Gobierno Central;

3. Cuando se trate de la ejecución y cumplimiento de leyes del Reino sancionadas por Su Majestad y extensivas a todo el territorio español o al de su Gobierno.

Una Ley determinará el procedimiento y los medios de acción que en estos casos podrá emplear el Gobernador General.

Título octavo. Del régimen municipal y provincial

Artículo 52. La organización municipal es obligatoria en todo grupo de población superior a mil habitantes.

Los que no lleguen a esa cifra podrán organizar los servicios de carácter común por convenios especiales.

Todo Municipio legalmente constituido estará facultado para estatuir sobre la instrucción pública, las vías terrestres, fluviales o marítimas, la sanidad local, los presupuestos municipales y para nombrar y separar libremente sus empleados.

Artículo 53. Al frente de cada provincia habrá una Diputación, elegida en la forma que determinan los estatutos coloniales y compuesta de un número de individuos proporcional a su población.

Artículo 54. Las Diputaciones Provinciales son autónomas en todo lo referente a la creación y dotación de establecimientos de instrucción pública, servicios de beneficencia, vías provinciales terrestres, fluviales o marítimas, formación de sus presupuestos y nombramientos y separación de sus empleados.

Artículo 55. Tanto los Municipios como las Provincias podrán establecer libremente los ingresos necesarios para cubrir sus presupuestos, sin otra limitación que la de hacerlos compatibles con el sistema tributario general de la Isla. Los recursos del presupuesto provincial serán independientes de los del municipal.

Artículo 56. Serán Alcaldes y Tenientes de Alcalde los Concejales elegidos por los Ayuntamientos.

Artículo 57. Los Alcaldes ejercerán, sin limitación alguna, las funciones activas de la Administración Municipal, como ejecutores de los acuerdos de los Ayuntamientos y representantes suyos.

Artículo 58. Tanto Concejales como Diputados provinciales serán responsables civilmente de los daños y perjuicios causados por sus actos. Esta responsabilidad será exigible ante los Tribunales ordinarios.

Artículo 59. Las Diputaciones Provinciales nombrarán libremente sus presidentes.

Artículo 60. Las elecciones de Concejales y Diputados provinciales se harán de manera que las minorías tengan en ellas su legítima representación.

Artículo 61. La Ley Provincial y Municipal vigente en Cuba seguirá rigiendo en cuanto no se oponga a las disposiciones del presente Decreto, mientras el Parlamento Colonial no estatuya sobre estas materias.

Artículo 62. Ningún estatuto colonial podrá privar a los Municipios ni a las Diputaciones de las facultades reconocidas en los Artículos anteriores.

Título noveno. De las garantías para el cumplimiento de la Constitución Colonial

Artículo 63. Todo ciudadano podrá acudir a los Tribunales cuando entienda que sus derechos han sido violados o sus intereses perjudicados por los acuerdos de un Municipio o de una Diputación Provincial.

El Ministerio Fiscal, si a ello fuere requerido por los agentes del Poder Ejecutivo Colonial, perseguirá igualmente ante los Tribunales las infracciones de Ley o las extralimitaciones de facultades cometidas por los Ayuntamientos y Diputaciones.

Artículo 64. En los casos a que se refiere el Artículo anterior, serán Tribunales competentes para las reclamaciones contra los Municipios la Audiencia del territorio; y para las reclamaciones contra las Diputaciones Provinciales, la Audiencia Pretorial de La Habana.

Dichos Tribunales, cuando se triste de extralimitación de facultades de las referidas Corporaciones, resolverán en Tribunal Pleno. De las resoluciones de las Audiencias Territoriales podrá apelarse a la Audiencia Pretorial de La Habana, y de las de ésta al Tribunal Supremo del Reino.

Artículo 65. Las facultades concedidas en el Artículo 62 a todo ciudadano se podrán también ejercer colectivamente por medio de la acción pública, nombrando al efecto apoderado o representante.

Artículo 66. Sin perjuicio de las facultades que le están otorgadas en el título el Gobernador General, cuando lo estime conveniente, podrá acudir en su calidad de Jefe del Poder Ejecutivo Colonial ante la Audiencia Pretorial de La Habana, para que ésta dirima los conflictos de jurisdicción entre el Poder Ejecutivo Colonial y sus Cámaras legislativas.

Artículo 67. Si surgiera alguna cuestión de jurisdicción entre el Parlamento Insular y el Gobernador General en su calidad de Representante del Poder Central, dice a petición del primero no fuera sometida al Consejo de Ministros del Reino, cada una de las dos partes podrá someterla a la resolución del Tribunal Supremo del Reino, que resolverá en pleno y en una sola instancia.

Artículo 68. Las resoluciones que recaigan en los casos previstos en los Artículos anteriores se publicarán en la Colección de Estatutos Coloniales y formarán parte de la Legislación insular.

Artículo 69. Todo acuerdo municipal que tenga por objeto la contratación de empréstitos o deudas municipales carecerá de fuerza ejecutiva si no fuere aprobado por la mayoría de los vecinos, cuando así lo hubiere pedido la tercera parte de los Concejales.

Un estatuto especial determinará la cuantía del empréstito, o de la deuda que, según el número de vecinos que compongan el Ayuntamiento, será necesario para que tenga lugar el referéndum.

Artículo 70. Todas las disposiciones de carácter legal que emanen del Parlamento Colonial o de los Tribunales se compilarán con el nombre de Estatutos Coloniales en una colección legislativa, cuya formación y publicación estará confiada al Gobernador General como Jefe del Poder Ejecutivo Colonial.

Artículos adicionales

Artículo 1. Mientras no se hayan publicado en debida forma los Estatutos Coloniales, se entenderán aplicables las leyes del Reino a todos los asuntos reservados a la competencia del Gobierno Insular.

Artículo 2. Una vez aprobada por las Cortes del Reino la presente Constitución para las Islas de Cuba y Puerto Rico, no podrá modificarse sino en virtud de una ley y a petición del Parlamento Insular.

Artículo 3. Las disposiciones del presente Decreto se aplicarán íntegramente a la Isla de Puerto Rico; pero a fin de acomodarlas a su población y nomenclatura, se publicarán en Decreto especial para dicha Isla.

Artículo 4. Los contratos referentes a servicios públicos comunes Antillas y a la Península que están en curso de ejecución, continuarán en la forma actual hasta su terminación y se regirán en un todo por las condiciones del contrato.

Sobre los que aún no hubieran empezado a ejecutarse, pero estuvieran ya convenidos, el Gobernador General consultará al Gobierno Central o a las Cámaras Coloniales, en su caso, resolviéndose de común acuerdo entre los dos Gobiernos la forma definitiva en que hubieren de celebrarse.

Artículos transitorios

Artículo 1. A fin de llevar a cabo con la mayor rapidez posible y con la menor interrupción de los servicios la transición del sistema actual al que se crea por este Decreto, el Gobernador General, cuando crea llegado el momento oportuno, previa consulta al Gobierno Central, nombrará los Secretarios del Despacho a que se refiere el Artículo 45, y con ellos constituirá el Gobierno interior de la Isla de Cuba hasta la Constitución de las Cámaras Insulares. Los Secretarios nombrados cesarán en sus cargos al prestar el Gobernador General juramento ante las Cámaras Insulares, procediendo el Gobernador, acto continuo, a sustituirlos con los que a su juicio representen de la manera más completa las mayorías de la Cámara de Representantes y del Consejo de Administración.

Artículo 2. La manera de hacer frente a los gastos que origine la deuda que en la actualidad pesa sobre los tesoros español y cubano, y la que se hubiere contraído hasta la terminación de la guerra, será objeto de una ley en la cual se determinará la parte que corresponda a cada uno de los dos tesoros y los medios especiales para satisfacer sus intereses y amortización y reintegrar en su caso el capital.

Hasta que las Cortes del Reino resuelvan ese punto no se alterarán las condiciones en que hayan sido contratadas las referidas deudas, ni en el pago de los intereses y amortización, ni en las garantías de que disfruten, ni en la forma con que hoy se hacen los pagos.

Una vez hecha la distribución por las Cortes, corresponderá a cada uno de los tesoros el pago de la parte que respectivamente; se le haya asignado.

En ninguna eventualidad dejarán de ser escrupulosamente respetados los compromisos contraídos con los acreedores, bajo la fe de la Nación española.

Dado en Palacio, a 25 de noviembre de 1897.

María Cristina

El Presidente del Consejo de Ministros: Práxedes Mateo Sagasta

Libros a la carta

A la carta es un servicio especializado para
empresas,
librerías,
bibliotecas,
editoriales
y centros de enseñanza;
y permite confeccionar libros que, por su formato y concepción, sirven a los propósitos más específicos de estas instituciones.
Las empresas nos encargan ediciones personalizadas para marketing editorial o para regalos institucionales. Y los interesados solicitan, a título personal, ediciones antiguas, o no disponibles en el mercado; y las acompañan con notas y comentarios críticos.
Las ediciones tienen como apoyo un libro de estilo con todo tipo de referencias sobre los criterios de tratamiento tipográfico aplicados a nuestros libros que puede ser consultado en Linkgua-ediciones.com.
Linkgua edita por encargo diferentes versiones de una misma obra con distintos tratamientos ortotipográficos (actualizaciones de carácter divulgativo de un clásico, o versiones estrictamente fieles a la edición original de referencia).
Este servicio de ediciones a la carta le permitirá, si usted se dedica a la enseñanza, tener una forma de hacer pública su interpretación de un texto y, sobre una versión digitalizada «base», usted podrá introducir interpretaciones del texto fuente. Es un tópico que los profesores denuncien en clase los desmanes de una edición, o vayan comentando errores de interpretación de un texto y esta es una solución útil a esa necesidad del mundo académico.

Asimismo publicamos de manera sistemática, en un mismo catálogo, tesis doctorales y actas de congresos académicos, que son distribuidas a través de nuestra Web.
El servicio de «libros a la carta» funciona de dos formas.
1. Tenemos un fondo de libros digitalizados que usted puede personalizar en tiradas de al menos cinco ejemplares. Estas personalizaciones pueden ser de todo tipo: añadir notas de clase para uso de un grupo de estudiantes, introducir logos corporativos para uso con fines de marketing empresarial, etc. etc.
2. Buscamos libros descatalogados de otras editoriales y los reeditamos en tiradas cortas a petición de un cliente.

www.ingramcontent.com/pod-product-compliance
Lightning Source LLC
LaVergne TN
LVHW101931220826
846093LV00009B/424

* 9 7 8 8 4 9 0 0 7 1 5 2 6 *